whisky palabras y una pala I

otros libros de r.h. Sin

Whiskey Words and a Shovel II
Whiskey Words and a Shovel III
Rest in the Mourning

whisky palabras y una pala I

r.h. Sin

Andrews McMeel
PUBLISHING®

gracias, Samantha, mi cielo.

de pronto sucede y ya nada es lo mismo.
todo trastocado por exceso de confianza
y por creer en alguien que te alimentaba
con mentiras bonitas, cuando lo que tú
querías era la verdad. éste había sido
mi mayor problema, toda una situación
vital. haber empeñado sueños y anhelos
en alguien que la verdad nunca sintió
lo que decía, alguien que no podía
cumplir con su palabra, cosa que no
descubrí hasta que todo había empezado
a desmoronarse. no ves el colapso
alrededor pues te aferras a la poca
esperanza que te queda. y hoy, al mirar
atrás, creo que debería haberlo visto.
las señales de alarma por todas partes,
pero estaba ciego de un amor podrido
y unas promesas que, con el tiempo,
resultaron estar vacías.

buscaba la paz en medio del caos.
buscaba un amor en medio del odio.
me habían prometido la comprensión
eterna y en cambio me encontraba,
cara a cara, enfrentado siempre a la
persona que debía ayudarme a combatir
la tristeza. dejé que aquello se
alargara años, me quedé cuando
debería haberme ido, y seguí dando
la pelea cuando nadie peleaba por mí.
ahí estaba, convencido de que a mí
eso no me pasaría cuando ya estaba
pasándome. a fuego lento ardía cuanto
había construido sobre cimientos de
arena que la riada del engaño se
llevó. terminé asolado hasta el punto
de la traición, pero acabé curándome.
tras meses de ignorar llamadas y
negarme a responder al «te extraño»
encontré mi verdad y descubrí un amor
más grande por mí mismo.

todo empieza en ti. todo y lo que sea. todo empieza en ti. esto lo descubrí mientras seguía cuidándome, cuando ya sabía un poco mejor lo que quería, necesitaba y merecía. el 3 de diciembre, en mitad de la noche, me llegó el mensaje de una chica llamada Samantha King. me enamoré de su risa por teléfono, un sábado por la noche; me enamoré de sus ojos y su sonrisa en un videochat. me enamoré perdidamente de una desconocida que vivía en Nueva York, a miles de kilómetros de mí. el 19 de ese mismo mes ya éramos novios y en la segunda a visita que le hice en Nueva York, meses más tarde, decidí quedarme.

este libro se publicó originalmente el 25 de diciembre de 2015, y es para mí un gran placer compartir esta versión actualizada con todos ustedes, esta lista de acontecimientos, resumidos en forma de poesía y prosa. mi pasado es de ustedes, el presente es nuestro, y el futuro nos espera a todos.

gracias Samantha King por tu valentía y por abrirme la puerta. te escribo agradecido, no solo como tu pareja, ahora también tu prometido, el que necesita desesperadamente tu existencia y tu presencia el resto de su vida. en estas páginas cuento una historia de dolor, pero mi vida junto a ti desborda de felicidad. eres la prueba de que hay cosas buenas esperando a quien ha conocido una vida de dolor. eres prueba de que existen las almas gemelas y uno puede dar con ellas incluso cuando ha renunciado a toda esperanza. estoy muy feliz de haberte encontrado, o puede que encontraras tú. en todo caso, me ayudaste a convertir el dolor en felicidad. me ayudaste a convertir mis noches en mañanas, una vez más.

notas a las desatendidas I.

chicas desatendidas por sus padres
obligadas a crecer
como plantas sin sol
sin atención, sin ese amor
de modo que buscan el amor
en brazos de chicos que no pueden
amarlas de la manera
que ellas desean

esta prisa por vivir un amor romántico
invento de libros, películas y canciones
de cuentos de hadas
lejos de la realidad
jóvenes que fingen ser hombres
y prometen amor a unas chicas
que todavía no son mujeres

chicas destrozadas

primero por culpa de sus padres

luego por los chicos que un día

van a ser irrelevantes

pero el dolor causado

se manifestará como algo

más grande de lo que

pueden imaginar

chicas asfixiadas

por el peso de cosas

que no deberían haber vivido

lo que en una vida no tendría que haber ocurrido

pero que vivieron y vivirán

chicas desatendidas por sus padres

obligadas a crecer con tanto frío

vaya esta nota a las almas desatendidas

notas a las desatendidas II.

nadie te enseñó

a amar

y ése es tu mayor problema

buscar la aprobación

de gente que nunca

te aceptará

que te hará sentir

que no eres lo bastante buena

intentando demostrar tu valor

ante quienes nunca

van a estar a tu altura

robada.

quién te robó la inocencia

quién te dijo cosas

que no habías oído nunca

quién te prometió en vano

en nombre de Dios

que haría cosas

que no tenía intención de hacer

quién fue el primero

quién te quitó la virginidad

con halagos vacíos

y un amor que no era genuino

quién te hizo sentir cosas

para las que tu corazón no estaba preparado

quién le puso esa trampa a tu corazón

yo te lo diré

fue la misma persona

que luego te abandonó

tras conseguir lo que quería

la misma que te llegó

al corazón

con espantosa

desafinada intención

y lo más triste es que

te aferras a los buenos recuerdos

como si hubiera alguno

estas paredes sucias

vas a volver a pintarlas

de los colores más vivos

que se hayan visto

pero el dolor siempre va a estar ahí

la vida no puede ser esto.

desgraciadamente, mucha gente

le pide muy poco

a su vida personal

el trabajo lo detestan

satisfechos de sobrevivir

conformes con alguna relación

que no los relaciona de verdad

la vida para muchos no es vida

y ése es el problema

tienes lo que toleras

mientras miras la vida de los demás

en lugar de vivir tu mejor vida

y aún te preguntas por qué todo el mundo

se automedica

para acallar el dolor

fingiendo ser feliz

en lugar de intentar cultivar

un estilo de vida que les dé paz

<u>con relámpagos.</u>

ella es una tormenta

una fuerza portentosa

que escribe la historia de su vida

en relámpagos

14kt.

mujer

eres un poema

escrito en tinta

hecha de oro

raíces dolorosas.

plantaste semillas

cargadas de falsedad

y en mi corazón creció el dolor

de principio a fin.

ésta es la parte del libro

donde la cosa se pone un poco rara

estás leyendo para tus adentros

sin darte cuenta

de que estaba hablándote

justo a ti hasta ahora

repite conmigo y si hace

falta más de una vez

soy grande

soy poderosa

soy eléctrica

soy increíble

voy a sobrevivir a todo esto

todo irá bien

<u>entiéndete a ti misma.</u>

eres la luz

que la mayoría de los hombres

nunca va a merecer

historias de silencio.

ella sabía contar el dolor

con el silencio

tenía la sonrisa quebrada

lo mismo que el corazón

y aun así me di cuenta

de que era perfecta para mí

la verdad de uno mismo.

si me soy sincero

nunca fui lo que querías

sólo ése con el que te conformaste

2417.

inténtalo, fracasa

inténtalo de nuevo

fracasa más

yo lo que quisiera es que tú

hubieras caído o sentido más

golpes mortales en nuestra puerta

un aviso de desalojo y estoy hundido

por eso escribí esto

nuestra historia, nuestro libro

ya no leo más, hora de cerrarlo

si el amor todo lo puede, cómo es posible

que trump sea nuestro presidente

y si estoy sobrevalorado

por qué entonces soy el más citado

siempre he valido mucho

pero mis amantes no se dan cuenta

por eso mando a la mierda el amor y digo se acabó

aunque no hablo en serio

el amor verdadero existe

sólo que no lo vemos nunca

uno se autosabotea

no hace falta la ayuda de nadie

pero se acabó, adiós al hilo y a la aguja

yo sólo quería ayudar

sin palabras.

el silencio dice las cosas

que no sabemos decir

la experiencia.

tú eres una experiencia

más que una mujer

relámpago que cae a la tierra

presencia electrizante

bajo las estrellas.

búscame aquí

bajo las estrellas

cerca de la luna

en la oscuridad

llevo tiempo esperando

a alguien como tú

eres tú.

te conozco

eres la chica de la sonrisa rota

eres la mujer que revuelve la noche

buscando la paz

eres la mujer

que casi ningún hombre merece

eres la mujer

que alguien necesita

un nosotros infinito.

te aseguro

que cuando esta vida termine

te encontraré en la próxima

a como dé lugar

nuestro amor es para siempre

eterno, infinito

desde el dolor.

tus palabras

suenan como el odio

cuando el corazón

está dolido o enojado

ruptura.

nunca fuiste la persona

esto nunca fue amor

y nunca íbamos a vivir

juntos y felices

sencillamente eras necesaria

tenías que hacerme daño

para que yo encontrara mi fuerza

mis deseos para ti.

y deseo que encuentres

lo que buscas

más amor propio

y alguien lo bastante valiente

para perder el sueño contigo

abrazándote en la oscuridad

de la noche

cuando estés inquieta

deseo que encuentres el amor

que te mereces

y palabras dichas

que te hagan desvanecerte

una mano que agarrar

y unos labios que tocar

cada mañana

al despertar

espero que encuentres la verdad

y nada menos

algo que te traiga paz

algo que haga sonreír

a tu corazón

el primer día de febrero.

tu hijo no es un arma

no es una herramienta

que puedas usar

para herir a los demás

me parte el corazón

me desgarra

ver que no puedes

apreciar lo que hacen

quienes quieren

amar a tu hijo

como si fuera suyo

tu hijo no es un arma
y sin embargo así
lo utilizas

sin darte cuenta de que solo
te haces daño a ti misma
al destruir el vínculo
que otros tienen
para proteger el tuyo

el control.

y así es como te controlan

hacen que todo parezca imposible

te obligan a creerte

casi mediocre en el mejor de los casos

te obligan a olvidarte de tu magia

y, con ello, te olvidas de tu valor

nos inclinamos a aceptar poco

o nada en vez de tenerlo todo

nos conformamos con pequeñas cantidades

de algo que en suma nada vale

en nuestros últimos días

el deseo de lograr más

ha quedado enterrado bajo

el ideal de aquellos

que se sienten amenazados

por una ambición superior a la media

no dejes que te controlen

no dejes que te definan

ni que te impongan límites

tú hazte.

mujer

hazte fuerte

cultívate

persiste

hazte independiente

sólo ofenderás

a los débiles

sólo asustaras

a los de mente estrecha

y no te apreciarán

jamás

quienes no

merecen tu presencia

y bien está que así sea

enemigos parecidos.

no importa el género

no importa la orientación sexual

no importa el color de piel

a todos nos persiguen

los mismos demonios emocionales

todos huimos de espantos parecidos

pero estás acostumbrada.

tan acostumbrada estás a que te maltraten

que permites a tu corazón

seguir entre unas manos sucias

tan acostumbrada estás a que te hagan daño

que el miedo a la felicidad te disuade

de abandonar una relación

que te va a quebrar más el espíritu

deja el teléfono.

las redes sociales
nos hicieron menos sociables
observamos las vidas ajenas
en lugar de vivir la nuestra
soñamos en vez de actuar
y lo que vemos nos gusta
aunque odiamos lo que hacemos

toda la nada.

autoimpuestas las limitaciones

hemos elegido plegarnos

a la idea

de no tener ideas propias

ponemos el empeño en intereses

ajenos

descuidamos nuestros sueños

y respaldamos nuestros esfuerzos

para ayudar a otra gente

a hacer realidad

sus sueños

gustosos de trabajar

bajo mandato del jefe

gustosos de solo admirar

y apenas participar

nuestra versión de la vida

parece más bien la muerte

mientras fingimos satisfacción

con nada

quince.

sentado en una habitación oscura

en la planta quince

la lluvia golpea en mi ventana

la silueta de la ciudad

se convierte en mi luz nocturna

mientras escribo estas palabras a las 11:13 pm

una fría noche de miércoles

se me parte el alma al pensar

que leerás esto

con pesadumbre

se me parte el alma porque

seguro agarraste

este libro porque el corazón

te duele

te entiendo

te veo sin verte

noto en tu corazón las cicatrices

como si fueran braille

y leo como puedo las historias

que a menudo quedan sin leer

en las páginas de tu alma

madre del dolor I.

mamás inseguras

celosas de la propia hija

carcomen su autoestima

intentan aniquilar sus sueños

chicas obligadas a sobrevivir

hasta que se hacen mujeres

dieciocho años

la edad en que

finalmente pueden escapar

del abrazo mortal de una madre insegura

madre del dolor II.

hija de su papi

que su mamá abandonó

todo lo que es

se lo ha dado el padre

que llenó el vacío

que la madre dejó

12:16 tras la medianoche.

me vi obligado

a sobrevivir

en tu ausencia

de pronto me topé

con el descubrimiento

de que nunca te había necesitado

días.

siempre andas disculpándote

por una actitud que no va a cambiar

un día dejaré de escucharte

un día no te voy a creer

<u>la nada y nada más.</u>

nos distanciamos

dejamos de intentarlo

ya no éramos nosotros

nos convertimos en nada

en proceso.

intento mejorar

en eso de poner distancia

entre situaciones malsanas

y mi corazón

empieza el invierno.

llegado el invierno

una taza de café

y una mujer

de espíritu libre

son lo mejor para ti

el niño adentro.

el niño que hay en mí

nunca va a olvidar

lo que duele el abandono

de una mamá

demasiado egoísta

para quedarse

reflexión silenciosa.

obligado a sentir que

todo yo era insuficiente

me cuesta hacerme a la idea

de que alguien me quiera sin condiciones

sinceramente.

a veces pienso que ojalá me hubieras esperado

en vez de malgastar la energía

en distracciones temporales

hasta que llegué

me preocupa.

amas a la gente

luego la traicionas

cómo no voy

a tenerte miedo

si sostienes que me amas

cómo no voy

a cuestionar tu lealtad

si has engañado

a gente

que decías amar

hallado en soledad.

me atrae el silencio

de tu ausencia

el miedo era antes soledad

pero hallé la paz

lejos de ti

vueltas locas.

pintan a las mujeres

como locas

justo esos hombres

que las empujan

al abismo de la locura

harto.

si soy totalmente sincero

me he cansado de pasar

por la misma mierda con gente distinta

en guardia.

en guardia porque sé de la traición
en guardia por las mentiras
en guardia por el dolor
en guardia porque mi amor
no es para cualquiera

conexiones.

conecta con alguien
que encuentre el tiempo
de conectar contigo

primerísima lección.

mis padres me enseñaron

que nada vale el matrimonio

si no hay sinceridad

lealtad y esfuerzo

0722.

cásate con alguien

que te complemente el alma

entre estrellas.

cada noche

la envidian

las estrellas

cada noche.

las chicas

como tú

merecen un amor

que las ayude

a dormir

durante el frío

de la noche

ruido de medianoche.

nada más ruidoso

que pensar tanto

después de medianoche

nunca estuviste lista.

no estabas lista

para alguien como yo

y me tocó aceptarlo

partida final.

te dejé

me largué

tenías mucho potencial

pero te negabas a usarlo

su problema, no el tuyo.

tú no tienes la maldita culpa
no puedes cambiar a un hombre
no puedes obligar a un hombre
a amarte como es debido
no es tu maldito trabajo
métete en la cabeza que los hombres
no suelen saber qué hacer
con una mujer como tú
y eso no importa
porque tú, mi cielo
no eres para cualquiera

ciego y confuso.

diría que todo empezó

con la seguridad engañosa

que me ofrecías

me manipulaste

para que confiara en ti

pues no podía oír las mentiras

que de entrada se presentaban

como como la verdad

la idea de estar enamorado

te ciega

la idea de haber encontrado a la persona

me llenó de confusión

y ya hace tiempo que trato

de encontrar la salida

el primero de muchos.

fue tu primero

tú una de muchas

me duele en los ojos

cuando veo a chicas darlo todo

a chicos que no tienen nada

mi propio susurro.

mi mente susurra

para sí

tantas amantes

pero ninguna

que te amara

lleno de vacío.

a lo mejor se me quiebra

el corazón

para vaciarse de cosas

que ya no necesito sentir

y es evidente

que ya no necesito

sentir nada por ti

la misma frase,
<u>**los mismos resultados.**</u>

así pues, ella pensó

que era amor

pero él usaba esas mismas palabras

con todas las chicas rotas

tomaba lo que quería

y a cambio no daba nada

las dejaba vacías

trueques modernos.

si usas el sexo para regatear

de un modo u otro

te joden

colgado, resacoso.

he ido impacientándome

sobreviviendo sin ganas

tus promesas eran como la soga

bien enroscada a mi cuello

la silla bajo mis pies

lo único que nos sostenía

el de ella.

hay silencios estruendosos

año 2008.

guardo en la memoria
aquello que has borrado
me acuerdo de lo que quieres olvidar
yo lucho, tú te sientas a mirar
yo grito, tú me desoyes

todo lo que somos
se convirtió en lo que fuimos
nuestro amor, fracturado
averiado, irreparable

medianoche de palabras húmedas.

se acerca la medianoche

y la luna proyecta

su luz

directamente en mi dolor

de modo que

no puedo esconderme

teléfono en mano

como aferrado a la ilusión

espero tus mensajes

anticipo tu llamada

como si eso fuera a demostrar

que te importo

no va a pasar

un pensamiento que suena a susurro en mi corazón

una pistola que me apunta a la sien

balas hechas de decepción

penetran en mí a través de mi sonrisa

una sonrisa que yo creía

a prueba de balas

hoy fue difícil

esta noche también lo es

me tiembla todo el cuerpo

por el peso de la angustia

la medianoche se acerca y estoy solo

con la luna

lamentando el día en que te dejé entrar

juegos de palabras con whisky.

muchos hombres

temen tu fuerza

y el embate de las olas

de tu océano

tanto que prefieren los charcos

y bien está que así sea

el dolor de recordar.

nada duele como el recuerdo

destruye trozos y fragmentos

de nuestra existencia

nos agota la energía

y nos mantiene en vela

a veces me cansa

pensar en las cosas

en las que no quiero ni pensar

a veces estoy exhausto

de todo lo que me recuerda

a ti

1 a.m. inquieto, siempre.

estos recuerdos asesinan en silencio

se acercan sin hacer ruido

disfrazados de inocentes

que tienen muy claro

el daño que harán

y si ese es el caso

esta noche van a matarme

iluminada por la luna.

me recuerdo ahí tumbado, mudo

desvaneciéndome en el silencio de

nuestras cuatro paredes y una ventana

que daba permiso a la luna

para mirarnos de lejos

mientras pensaba

imposible obligar a alguien a darse cuenta

de que eres lo que más le conviene

la ilusión de las mañanas buenas.

ella era su café matutino

bastaba para mantenerlo de pie

hasta que encontró a otra

que tomarse con sus mierdas

mi energía mal dirigida.

amarte era agotador

en lugar de malgastar

mi energía emocional

decidí perdonarte

y seguir adelante

montañas submarinas.

montañas sumergidas

sueños ahogados, promesas esparcidas

por el fondo marino

firmada la restitución de mis derechos

ahora mi alma se siente libre

una mentira californiana.

gritando mamadas

hasta que mi voz dice basta

y el silencio es lo que queda

una montaña de sueños

en cajas que esperan traslado

sitiado por fuego amigo

gente en la que solía confiar

el barco que me lleva hace aguas

el barco que me lleva

está ahora en el fondo del mar

el barco que me lleva era demasiado frágil

para cargar con mis sueños

el capitán un farsante

que no supo igualar mi empuje

estoy a salvo en Nueva York

no más mentiras californianas

algo para esta noche.

esta noche no va a ser fácil

y lo sabes

sí, hace daño

pero el dolor es necesario

lo que tendría que hundirte

te hará más fuerte

más resistente

una musa rota y hermosa.

rota. me corté tratando de ayudarte
a reunir las piezas
de un corazón hecho añicos
en el piso del baño
la puerta estaba cerrada y yo oía
tu llanto incluso dormido
el sonido me intrigó
me despertó tu intento de disimular
lo que ya no podías mantener oculto
rota. pero al mirarte a los ojos
vi tu fuerza
tras esa noche fuimos otros

más allá de tu pasado.

ven

déjame ayudarte

a enterrar el pasado

démosle vida

a nuestro futuro

pasado y presente.

constantemente

yo estoy siempre avanzando

tú andas siempre volviendo

te esfumas temporadas largas

para reaparecer

cuando temes que te haya reemplazado

el ciclo interminable de lo que fuimos

el error constante en que nos hemos convertido

ahora con frío.

fue tu amor

lo que provocó esto

fuiste tú quien me hizo

así

de repente no tener corazón

era mejor que tenerlo roto

tener frío era mejor que el calor

que no supiste darme

<u>todos nosotros.</u>

toda esa gente

con cara de dolor

el alma magullada

y el corazón agrietado

nos hemos encontrado

intentando sobrevivir a la muerte

de lo que creíamos que era el amor

luchando para encontrarle el sentido

a una realidad

que es mentira

más fácil decirlo.

a veces quisiera

que cambiarme el corazón

fuera tan fácil

como cambiar de opinión

corazones buenos.

lo único malo

de un corazón bueno

es que te descubres

una y otra vez buscando ángeles

en los demonios

y luego se preguntan por qué los buenos

conocen tan bien el dolor

devórala.

devórala como hay que hacerlo

y levantará la espalda de la cama

se morderá el labio

y sus muslos temblarán estremecidos

devórala como hay que hacerlo y verás que

inunda tus labios

y las sábanas de tu cama

nevada en Queens.

oh, cómo hace la nieve

que parezca vivo

el cementerio

el corazón contra la mente.

odio

que el corazón

tarde tanto

en averiguar eso que la mente

ya sabe

esta placidez.

primero

te extrañé

luego aprendí

a vivir sin ti

encontré consuelo en tu ausencia

hice las paces con la soledad

recuerdos en mitad de la noche.

la noche nos pertenecía

abajo ella

yo arriba

ella de rodillas

dispuesta a motivarme

testigo de mi propio entierro.

tú fuiste mi muerte
sin velorio, solo un entierro
en recuerdo de quien fui
antes de que a sabiendas
me hicieras víctima forzosa
en la senda de tu destrucción

qué había ahí digno de amor
nada, es cuanto finalmente
he descubierto

aunque antes he tenido que verme
postrado y exánime
gritando sin que me oigan
tendiéndote una mano que rechazas
ahora sé que estaba solo
mi relación contigo
es ahora mi ataúd, una tumba
en la que espero el entierro
de la persona que fui

el don de los que están rotos.

me duele pero hago ver

que me siento bien

"bien" es ya mi mentira preferida

y mi sonrisa casi siempre una máscara

que oculta la verdad de lo que siento

no digo nada porque

vas a creerme débil

no digo nada y dejo

que hable mi silencio

don y maldición de los que están rotos

capacidad de esconderse en la mentira

de la felicidad

el don de ser fuerte en momentos

de debilidad

más fácil pero difícil.

decirlo es más fácil que hacerlo
una maldita excusa para seguir
con alguien a quien le da lo mismo
que te quedes o no
seamos sinceros, cuesta
dejar a la persona
que te importa
pero acaso no tendría que costar más
seguir con la persona
a la que no le importas

el todo de la nada.

tantos amigos

y siempre estás sola

cuando todo se va a la mierda

tantos amantes

y ni conoces el amor de verdad

tantos cuerpos

y tú sin nadie a quien acudir

cuando más lo necesitas

he aquí el todo de la nada

22 de noviembre.

ella rebosa dolor

pero está henchida para la pelea

antes de oír propuestas.

la idea de casarme

me asusta

pero no por lo que tú crees

mi temor viene de constatar

que realmente estoy solo

y nadie de mi familia

asistirá

mi temor es que me recuerden

que no tengo más para ofrecer

que a mí mismo

y hasta ahora

eso no ha le ha bastado a nadie

ni siquiera a mi familia

los espejos también mienten.

la verdad es que no reconozco
a la persona en que me he convertido
un año puede cambiar muchas cosas
y a mí de verdad me cambió

inquietud.

se acabó perder sueño

por alguien

que nunca tiene tiempo

de pensar en mí

me voy a dormir

porque no mereces

que piense más en ti

la ocurrencia.

y finalmente pasó

prendí fuego a los recuerdos

que hicimos y sonreí

al verlos arder

su último recurso.

me parece un poco triste

que solo recurra

a ti

a última hora de la noche

es su forma de admitir

que no podrías importarle menos

pero con cada hora de sol que pasa

caliente y aburrido

elige procurarte

por la noche, bajo la luna

bajo una luna de sangre.

atascado en la mirada

de la luna de sangre

su ojo rojo proyecta

su luz sobre mí

y me avergüenza

haber cedido

a tus súplicas

y promesas vacías

he perdido la confianza en mí

por otra oportunidad

de hacerme daño

lo intento por ti.

quiero bailar contigo

aunque tengo las rodillas magulladas

y quebrantadas

por todos los momentos que pasé

arrodillado en una plegaria

hecha del deseo

de alguien como tú

pelearé por sostener tu corazón

aunque mi espalda

se hunda bajo el peso

de toda una vida de desesperanza

y desengaños

qué valiente hay que ser

para amar por completo

como si nunca te hubieran hecho daño

y aunque he sido

una ruina emocional

por ti lo voy a intentar

porque lo vales

fragmentos.

lo intenté

tú te fuiste

no vuelvas

otra vez de principio a fin.

justo cuando estoy en las últimas

vuelves

y esperas

que empecemos de nuevo

el cementerio.

de modo que ahogo

estos sentimientos en whisky

te entierro con mis palabras

y cubro de tierra

lo que fuimos

empleo de una pala en mi diario.

a veces las pesadillas son gente

me alejo para estar alerta

la soledad me acerca a la calma

rodeado de barrotes.

te has vuelto como la cárcel

pienso en formas de evadirme de ti

medianoche, a menudo.

rara vez llega la mañana

varado en un bucle de oscuridad

la luna mi única amiga

me he acostumbrado al silencio

que me envuelve cada noche

cuando cierro los ojos e intento olvidar

me acuerdo de todo lo que no quiero

me han lastimado más de lo que quisiera

e intentando mantenerme fuerte

las rodillas débiles

por todo ese peso

la guerra se libra en mis noches

a medianoche, voy a la guerra

cuando caen los ángeles.

los ángeles caen a la tierra

y se olvidan de sus alas

y se aferran a cosas

de las que deberían huir volando

marrón orgullo.

mi piel marrón

no será una carga

mi piel marrón

no será mi enemigo

yo me amo

aunque ellos me odien

sin entrada.

quemé nuestro puente

y levanté un muro sin puerta

muchos tal vez.

tal vez tenías

los brazos muy cortos

para alcanzarme

tal vez tu corazón

era muy débil

para el mío

Me cuesta comprender

tu incapacidad de amarme

tanto como yo te he amado

grietas en el cristal.

no ves lo hermosa que eres
porque te fías de un espejo roto

<u>seguía bailando.</u>

el suelo temblaba

los cimientos bajo sus pies

empezaron a desmoronarse

y ella, impávida ante la destrucción

bailaba como las llamas

de una hoguera

carreteras heladas en Pensilvania.

carreteras cubiertas de hielo

nos deslizamos tranquilos

a través de la nieve

telón de fondo

blanco vacío

el bosque extendiéndose

hacia dentro

ramas tendidas hacia nosotros

como para agarrarnos la mano

y guiarnos a destino

hasta en los momentos

de mayor peligro

estamos a salvo

romántico esperanzado.

te aseguro

que cuando esta vida acabe

cuando el polvo vuelva al polvo

en la próxima vida

te encontraré

sin lugar.

no dejes que la gente de paso

y la tristeza que arrastran

hagan nido en ti

males necesarios.

creo que sencillamente

eras necesaria

tenía que acabar

malherido por ti

para poder hallar

mi fortaleza

tras las ruinas.

llegué al punto de quiebre
todo en mí se desplomó
sentado entre las ruinas
me erigiré de nuevo sin ti

estas palabras I.

creo que trato de escribir

contra mi dolor

tú pasas las páginas

como quien lee

contra el suyo

estas palabras II.

esto lo lees
esperando encontrar algo
que te dé la paz de espíritu

lees estas palabras
esperando calmar la tormenta
de arena en tu alama

ojalá encuentres la luz
en mis palabras
las escribí para ti

presenciado.

he visto mujeres luchar

he visto mujeres romperse

las he visto caer

he visto cómo se levantaban

he observado a mujeres

que lo son todo y a las que tratan

como si no fueran nada

y a pesar de todo

las he visto salir adelante

ya sé qué duele

pero eres fuerte, señora mía

vas a estar bien

confuso.

te ama

pero te hace daño

te extraña

pero no aparece

lo capto.

no eres feliz con él

lo sé porque

estás leyendo esto

y dudas de su compromiso

mi propio valor.

empecé a ver el valor real

de mi propio corazón

y ahí empezó a ser

más fácil largarme

amarte a ti era

no amarme a mí mismo

contrólate.

a menudo los hombres dicen
"te extraño"
cuando intentan manipular
las emociones de una mujer
que no se te olvide

abre los ojos.

cuando leas las palabras

"te extraño"

presta atención a los actos

que siguen

en vez de permitirle a tu corazón

sentir algo

por quien una vez

lo rompió

que sepas y entiendas.

las palabras

"te extraño"

siempre esperan

en los labios

del hombre

que quiso

quebrarte

y no pudo

desequilibrio.

los corazones más fieles

los rompe la traición

lamento firme I.

nunca hagas que una mujer lamente
haber puesto su confianza en ti

lamento firme II.

hoy no fue fácil

mañana será incluso más difícil

he aceptado el destino

el castigo por dejarte

entrar de nuevo en mi vida

sin un buen motivo

tus razones ocultas

y tus malas intenciones

volvieron a quedarme claras

cuando tomaste lo que querías

y me dejaste vacía

llena de remordimiento

de haber vuelto a creer en ti

compártelo con él.

oye, ella te ama

te adora

sé más considerado

con sus sentimientos

más comprensivo

ante lo que expresa

porque si la pierdes

lo habrás perdido todo

pareja perfecta.

lo que quiere mi corazón

es ante todo una amante

que siempre sepa

apreciar mi valor

e igualar mi esfuerzo

un hombre de verdad.

acaso algún hombre te ha preguntado

si has comido ese día . . .

o te ha hecho un cumplido

sin esperar nada a cambio . . .

te ha felicitado por tus logros

o te ha animado a conseguir más

te ha hecho sentir como una reina

en sus actos, no en palabras

o se ha entregado por completo

a tal punto que

nada le quede para compartir con otra

acaso ha ofrecido una palabra o un gesto dulce

no porque lo pidieras sino porque sabe

que debe tratarte como la reina que eres

acaso un hombre te ha tratado tan bien

como deseabas

o te ha hecho reír sin esfuerzo

acaso has estado con un hombre
que temiera perderte
porque así de valiosa eres para él

he allí un hombre de verdad
has estado con un hombre de verdad . . .

polvo.

enterrado en vida

bajo mis propias

expectativas

frecuencia cardiaca.

a gritos late el pulso

de mi corazón

por ti

<u>una pauta.</u>

trátala como si tuvieras miedo
de perderla a manos de otro

cuadrilla de búsqueda.

trato de hallarme

entre los escombros

de mi propio corazón

el intelecto, los ojos.

háblale de su intelecto

celebra más sus ojos

es demasiado única

para un piropo cualquiera

1:04 a.m.

todo es poesía

cuando el corazón está en llamas

11:11 p.m.

ella quiere un hombre
que no quiera a nadie
más que a ella

resecas.

éramos rosas

muriendo poco a poco

peleando por florecer

verano de 2011.

mientras busco algo

que alivie el dolor

me canso de hacer

como si no doliera

muerte de un indie.

me equivoqué contigo

escondías una montaña de mentiras

bajo el agua

pero la verdad siempre sale

a la superficie

el verdadero ser.

curioso cuánto brilla
el verdadero ser de alguien
después de haber obtenido
lo que quería de ti

exposiciones.

observarte en el museo

es como ver al arte

observando al arte

salvaje.

el puto despecho
me ha vuelto implacable

óyeme.

dentro de ti

habita un amor

que la mayoría

no va a poder entender

odia el proceso.

tarda demasiado

darse cuenta

de que ya no

te hacen bien

reto.

hashtag

deja de perder

el tiempo

con él

un tuit.

eres demasiado valiosa para andar

en una relación con alguien

que se ha mostrado incapaz de
entender

lo que tú vales

<u>vivir en la negación.</u>

no te hagas esperanzas vanas

de encontrar el amor

donde manda el odio

quédate, simplemente.

no soy más que un amante hecho mierda

y busco a alguien que sepa

entender mis cicatrices

y no largarse jamás

treinta y seis notas.

me duele

y solo quiero

dejar de pensar

en ti

cincuenta y seis notas.

no queda esperanza

pero ahí estás tú

esperando algo

que no va a pasar

arrepentimiento lector.

eres el capítulo de mi vida

que debí haberme saltado

2007.

ojalá esas mentiras

te quemen los labios

duele recordar.
_____

nos convertimos en

recuerdos

que me gustaría olvidar

distorsionado.

nuestra relación

un cuarto lleno de espejos rotos

ya apenas me reconozco

costumbre mortal.

mi costumbre más peligrosa

es pensar en exceso

pilares de sal.

eras la sal

escondida en una bolsa

que decía azúcar

al final.

es que no podía

salir bien

yo me aferraba

a la nada

voy a cavar más hondo.

lo que se ve y lo que no

partes de ti que me exigen

cavar más hondo

y valorar cada centímetro

de tu existencia

hay varias capas en una mujer

y existen hombres que sencillamente

se quedan en la superficie

pero quiero aprenderte

y encontrar un lugar digno

en tu cabeza y en tu corazón

permítelo y empecemos

yo ya no soy el de antes

la mente en construcción

ya casi terminada

mientras enfilo a un lugar

desde donde pueda

explorarte

y aferrarme a todo lo que

quienes vinieron antes

prefirieron abandonar

quiero amar todo aquello que
quienes vinieron antes en su ceguera
no fueron capaces de ver
las partes de ti
que no supieron apreciar
permítemelo

no es divertido.

drogada por la cultura

te esmeras por encajar

así estés fuera de lugar

te esmeras por entender a gente

que no merece el esfuerzo

la inocencia robada

por tanta fiesta

música estridente

ríos de alcohol

rodeado de gente

no dejas de sentirte solo

además si estás aquí

es porque tus amigos

querían venir

fantasía.

el problema es ése
vives una fantasía
en la que él es más
de lo que en realidad es
te has enamorado de un sueño
que nunca se hará realidad
porque él se niega a ser
el hombre que te mereces

amor genuino.

ámame cuando todo vaya mal

ámame cuando llegue la tormenta

ámame cuando pierda la esperanza

ámame en mis imperfecciones

quiere.

el corazón está roto

pero sigue queriendo

y eso te hace fuerte

la esencia.

corazón

eres una estrella

no pidas perdón

por encandilar

Marie, mojada.

con dos dedos

apenas unas caricias

empezó a derramarse

y yo me habría ahogado

por ella

derriba la tentación.

sabía que yo estaba tomado

que estaba enamorado

se me ofreció

pero decliné, dije que no

verás, el sexo sólo desvía

al hombre débil

el fuerte se niega al vaivén

mi amor por mi amante

es mucho más grande

que cualquier cosa

que otra me ofrezca

<u>más.</u>

no la impresionan fácilmente

los cumplidos triviales

no significan nada

para halagarla hace falta

cierto esfuerzo

necesita más

merece más

2:30 a.m.

me parece que el despecho

cambió la temperatura

de mi corazón

tus mentiras se convirtieron en ladrillos

con los que construí este muro

la barrera que defendía mi corazón

y mantenía mi amor a salvo

era la misma

que mantenía fuera

el nuevo amor

peleas con whisky.

gritaba porque me importaba

discutía contigo

porque me importaba

y ahora que me callo

sin más que decir

sin bulla en el corazón

ahora deberías preocuparte

más coherencia.

yo pedí coherencia

y tú, coherentemente

destrozaste lo mejor de mi

quizá tendría que haber sido

un poco más claro

con lo que quería

la soledad ahora.

nadie quiere estar solo
y así es como uno termina
acompañado de alguien
que lo vuelve solitario
hay soledad en estar
con alguien equivocado

las valientes.

llevaba las cicatrices por dentro
bajo la piel
y su dolor
no se ve
pues prefiere no quejarse
herida, callada
valerosa en la pelea
que sólo da ella
tanta fuerza en una mujer
tanta fuerza en ti

desconsiderado.

mujer

no te arriesgues

por alguien que no va a tratarte

como debe

con sumo derecho.

a muchos hombres les parece

merecerlo todo

de una mujer

que merece más

o a alguien mejor

me pregunto.

qué fue de hacer

un esfuerzo verdadero

por la mujer que

sigue demostrando

querer para ti

nada más que lo mejor

el hombre bueno.

me importa lo que experimenta una mujer
cuando está conmigo
me importa lo suficiente para procurar
que estando conmigo
se sienta cómoda y segura

cómo podría no importar
la impresión que uno deja
en la mujer con la que está

el amor y las excusas.

el amor nunca ha debido

ser motivo

para aferrarse a alguien

que no sabe amarte

tanto demonio.

pero cielo

si eres un ángel

no dejes que unos demonios

te quiten la ropa

de noche.

de noche siempre

la misma mierda

esperas despierta la llamada

que no va a llegar

mientras él se pierde

la oportunidad de hablarte

ya sé lo duro que es

sentirse como te sientes

y no hallarte

cuando estás ahí en la cama

leyendo un libro

pero acuérdate de estas líneas

que siguen

eres fuerte, inteligente

valiosa y hermosa

te mereces mucho más

de lo que has consentido y aceptado

julio de 2015.

una vez oí que la lengua

da vida

y por eso le hablé adentro

llamas adentro.

hay llamas adentro

de mi alma

tan hondo que hasta ahí

no me llega el agua

y sigo ardiendo

y disfruto la sensación

aunque no sabes lo que duele

trozos de paz.

sorprende cómo

tu forma de estar rota

me trae la paz

te han herido y

sin embargo

puedes hacerme

sentir a salvo

sin juzgar

te acepto como eres

con todo y cicatrices

imperfecciones visibles

para mí eres hermosa

en busca del amor.

tantos ángeles

viviendo un infierno

salen con demonios

en busca del amor

alegría pasajera.

ibas a estar

apenas un rato

ojalá lo hubiera sabido

antes de presagiarte

<u>una muerte lenta.</u>

lenta, la muerte me acechaba

y cuanto más

me aferraba a ti

más me mataba

el libro de las cenizas.

juntos escribimos el libro

de nuestra relación

esta noche voy a quemar las páginas

merecer más.

siempre acabas queriendo

complacer a alguien

que ni está satisfecho

con lo que es

todo el tiempo andas buscando

el amor en alguien

que ni sabe lo que vale

has perdido el tiempo

aferrándote a alguien

a quien no le importa en realidad

conservarte

la gran muralla.

puede que construyera esa muralla

ante su corazón

para salvarse

del dolor que tanto conoce

puede que esté protegiéndolo

de quien no quiera escalar

esa muralla

y reclamar el amor

que ella se niega a entregar

tan fácilmente

directo al caos.

seguí mi corazón

y me llevó directo

de cabeza

la que casi perdí

al puto caos que siempre fuiste

líneas.

ella tiene algo

no sé muy bien qué

como droga para mi mente ansiosa

sensación de noche tardía

madrugada de viernes

ella es mi mejor momento

cuando me da el estrés

me ayuda a afrontarlo

como un actor con sus líneas

ella ha sido siempre mi coca

adentro.

sus lágrimas

casi nunca a la vista

así suena el silencio

cuando grita adentro

morados y cicatrices

donde no los verás

piensa más de la cuenta

y se llena de palabras

que jamás va a decir

a través del infierno

que no va a contar

está en guardia

y por eso no cree

las mentiras cochinas

que su hombre le cuenta

sin obligar.

no puedo obligarte

a serme fiel

leal

y sincera

no puedo hacer

que aprecies todo

cuanto soy

pero puedo obligarte

a vivir sin mí

y empeñar mi tiempo

en alguien mejor

enseñanzas de vida.

con las relaciones

aprendí que a alguien

que es tuyo

no pueden quitártelo

y si por algún motivo

tu amor se va

con otro

nunca mereció esa persona

que la quisieras para ti

a la luz de la luna.

eres la luna

ahí tumbada

sola

brillas en la oscuridad

tu fuerza

está en la noche

este momento.

en algún lugar

ahora mismo

alguien está buscando

todo

lo que desperdiciaste

en alguien

que no era digno de ti

todo lo que una vez te pareció

poca cosa

lo apreciará algún un día

el que te merezca

desaparición.

para ti me convertí en un fantasma

me extrañabas

a veces me sentías

pero ya no me veías

he aprendido a desvanecerme

ante quienes no saben

apreciar mi presencia

<u>**un poco de whisky con la cena.**</u>

la verdad ya no figuraba

en el menú

y ya no servían

amor

por eso me levanté de la mesa

prefiero comer a solas

<u>todas las pequeñas cosas.</u>

si no te encanta cómo

entorna los ojos cuando sonríe

o la curva de sus labios

cuando suelta una carcajada

ya no le hagas perder el tiempo

sigues siendo hermosa.

no eres perfecta

ahí están las cicatrices

que te cubren el corazón

seguro que has pasado

unos cuantos momentos malos

en la vida

antes de, como dirían los demás

romperte

pero a mis ojos eres el más bello

acomodo de destrozos

que haya contemplado jamás

te miro y pienso

ahí está mi futuro,

está hecha para mí

miedo a caer.

lo que más miedo me da

es dejar mi paz interior

en manos de alguien

a quien nada le cuesta

decirme mentiras

mi corazón en manos

de alguien que se niega

a cumplir conmigo

eso es plegarme a un amor

que se parece al odio

y me da miedo

sin embargo, aquí estoy
jugando con fuego
cometiendo errores
y culpando al destino
hasta que me enamore
de alguien que logre
romperme el corazón
temo amar a la persona equivocada
y por eso elijo no
amar a nadie
eso es lo que más me asusta
puede que nunca me rompa

falsas atenciones.

temo el invierno

no por el clima

sino por alguien

que perturba mi paz

con los problemas que arrastra

un silencio que se transforma

en tensión

yo que quiero alejarme

y alguien que reclama atención

debería emocionarme

pero no es el caso

debería estar feliz

pero eso fue justo

lo que me robaste

obligándome a compartir el espacio

a forzar en la cara una sonrisa

porque eso hace la gente buena

sacrificarse por los demás

pero estoy harto de ser esa persona

harto de ser siempre yo

desde lejos.

puedo amarte

pero de lejos

hay gente más fácil de amar

cuando no está

nuestro amor 22.

me encanta nuestra soledad

vivimos en una burbuja de calma

hemos cultivado un jardín

lleno de rosas

que florecen, alimentadas por nuestra paz

el silencio me reconforta

esto es fácil

es lo que somos

sin-ergia.

e igual que yo

eres una pecadora

yo soy tu cómplice

estás de rodillas

contra la pared

boca arriba

y yo siempre ahí

recordatorio.

que estés rota

no te hace menos preciosa

un instante de fragilidad

no define tu fortaleza

puntería perfecta.

voy a largarme

y no vas a extrañarme

este .45 me encaja

perfectamente

en la mano

y ahora tengo mucha

más puntería

un poco de optimismo.

duele muchísimo

cada minuto y cada día

pero con el tiempo mejorará

y un día tú vas a entender

que lo que debía quebrarte

te hizo más fuerte

máscaras I.

un aura tan especial

te rodeaba al principio

eras rara pero el tiempo

te sacó lo más honrado

así se ha visto que

todo en ti

era falso

y que eras como el resto

nunca una pérdida.

cuando acaba el día

me alivia saber

que solo he perdido

a quienes no valían

poetisa.

pululas por ahí

con la cabeza en las nubes

escribes de un amor

que nunca existió

el supuesto amor de un hombre

que usaba esa palabra

para conseguir lo que quería,

a ti, y hablaba de relación

cuando lo único que hacía

era rondarte para saborear

lo que nunca iba a ser compromiso

robarte cuanto pudiera

antes de largarse

he ahí la verdad

de lo que tú llamas amor

gran arrepentimiento.

lo digo en serio

yo creía que esto era real

confiaba en ti

y cómo me arrepiento

antes y después.

ya no soy

la persona que fui

te dejé entrar ahí donde

nadie había estado

antes de ti

te abrí la puerta

dejé que tocaras

e hicieras de mí tu hogar

te aprovechaste de mi buena fe

y echaste abajo el muro de mi corazón

tomaste la confianza que te di

y te deshiciste de ella como insinuando

que yo no era lo bastante bueno

antes de ti era diferente

después, no voy a ser ya el mismo

constante.

ése es el problema

estás constantemente

buscando el paraíso

donde sólo existe el infierno

estás constantemente

buscando la paz

en un lugar

donde habita el caos

esperando amor

de un individuo

que no te ofrece

más que odio

la esperanza mata

cuando uno la empeña

en la relación equivocada

ella, llama.

ella era la llama

que nadie podía extinguir

más ardiente que el sol

no se dejaba tomar a la ligera

cuanto le hiciera daño

lo convertía en su fuerza

y en combustible

lo que no aplacaba la llama

ella eres tú

te deseo.
---

muéstrame a la mujer

con cicatrices en los muros

de su mente de tanto pensar

el corazón agrietado

de amar a la persona equivocada

y el dolor pegado al alma

yo lucharé por la oportunidad

de amarla

una mujer como ella.

ahí tumbada

vestida de arrepentimiento

los ojos repletos de agua

como si el corazón

se le hundiera

inundado, sucumbiendo lentamente

la medianoche es rara vez

benigna

con mujeres así

obligadas a vivir otra vez

lo que iba a ser

el gravísimo error

de confiar en alguien

partes de sí misma

demasiado valiosas

para el común de los hombres

pero nadie lo sabe

hasta que ya es tarde

y, por desgracia, la verdad

sólo se revela

al final

obligando al alma

a llenarse

de resentimiento

y esta noche es como todas

una mujer arrepentida

una mujer que lucha

para dejar atrás lo que sea

que le impide sonreír

y en algún lugar el dolor

se vuelve de algodón

pues las mujeres como ella

siempre consiguen sobrevivir

en lo más profundo.

tu fuerza

es tu magia

nunca la pierdas

rehén emocional.

él le secuestró el corazón

pidió un rescate

tomó lo que quería

sin intención de amarla

los motivos.

y por eso ella se quedó

más de lo razonable

porque duele ver

cómo algo que amas

se convierte

en algo que odias

se sienta a esperar

que vuelva a su estado original

negándose a aceptar

que eso que ve siempre estuvo ahí

limitaciones, imitaciones.

lo nuestro podría haber sido genial
habría podido funcionar
pero tú insististe en tu mediocridad
en ponernos tantos límites
por eso opté por mí
opté por seguir sin ti
consciente de merecer más

mi teoría.

no puedes conservar a un hombre

que no te merece

por eso suelen irse

por eso rara vez se quedan

porno de palabras.

quiere que la posea
su intelecto hambriento
por culpa de un hombre
incapaz de estimularle la mente
con conocimiento o comprensión
alimento para un alma moribunda
me convertí en lo único
en que ella podía pensar
tejados, desvelada
y vulnerable a la luz de la luna
encendida de oírme hablar
abro la mente
al tiempo que la abro a ella
cada palabra un embate
o una caricia mientras me invita
a derramar mis palabras en su lienzo

soltarse totalmente.

tal vez lo que buscaba

era eso, reconocimiento

que la quisieran por todo

lo que hacía

alguien a quien le importara

lo suficiente

para hacer el esfuerzo

un tipo de aprecio

que pudiera sentir

un hombre que la amara

como ella

lo amaba a él

no creo que pidiera

demasiado

lo único que exigía

era lo que merecía

tú le serviste un puñado

de mentiras

esperando con eso

llenarla

privándola de la verdad

pero un día sucedió

y esa mujer a la que sólo

querías doblegar

llegó al punto en el que

ya no podía doblegarse más

y aunque creías

que seguiría aferrándose

terminó encontrando el valor

para soltarse

pasivo-agresivo.

voy a sentarme en silencio
sin decirte nada
pero si sigues tratándome
como plato de segunda mesa
me perderás sin aviso

es una artista.

estaba rota

pero de algún modo

encontró la paz

en los fragmentos

esparcidos por

el suelo

es una artista que sabe

volver a juntar

todas sus piezas

y crear algo más fuerte

y un poco más hermoso

que lo de antes

uno de esos días.

es casi como si el sol

asomara entre las nubes negras

debería estar contento

pero no lo estoy

deseo bajo la luna.

no creo que fuera amor

más bien estaba obsesionado

con cómo me hacías sentir

sobre las sábanas de satén

bajo la luna

junio de 2015.

lo que debería haber sido

como una celebración

tristemente parece

un funeral

la transformación.

estaba más enamorado

de quien creía que eras

y terminé por odiar

lo que acabaste siendo

buscando.

abre los ojos

que no te ciegue

el corazón

deja de aferrarte a alguien

que evidentemente busca

a otra persona

perdedores con derecho.

lo más jodido

de usar a alguien por el sexo

es que probablemente

este usándote también a ti

alguien que no merece

ni una pizca

de lo que podrías ofrecer

tú usas y te despilfarras

fingiendo ganar

y perdiendo siempre

coróname 722.

me coronó

con los labios

de su entrepierna

mi Reina me hizo Rey

tu afilada lengua.

mentiras como navajas

asegurabas

decir la verdad

pero vi que sangrabas

por la boca

la elección de Sin.

consciente de que no tenía

el valor para amarte

como te hacía falta

te dejé ir

lo que no podías tú

lo hice yo por ti

oscuridad total.

cuando se pone el sol

y la luna decide

mostrarse

tras la medianoche

solemos recordar

lo que más nos cuesta

olvidar

22 de diciembre.

eres el tipo de persona

rota más hermosa

que haya visto

en mi vida

incluso con el corazón

hecho añicos

mereces que te quieran

y ojalá tuviera, siempre

la oportunidad de estar a tu lado

una observación I.

las mujeres que más

sonríen

suelen ser

las que sienten

el dolor más profundo

no llevan esa sonrisa

para engañar

sonríen porque es símbolo

de fortaleza

a menudo fingimos.

que no se te escape

la tristeza en mis ojos

pero si preguntas

diré que estoy bien

una observación II.

a lo mejor es porque eres fuerte
a lo mejor te aferras
porque puedes
amarlo sin condiciones
y a lo mejor él es demasiado débil
para apreciarlo

la herida.

totalmente roto

me corto

para intentar acercarme

a ti

varios intentos

casi me desangro

por ti

nosotros, nuestro futuro.

ven aquí

te ayudaré a enterrar

tu pasado

y daremos vida

a nuestro futuro

un pensamiento sereno.

te he extrañado

más de lo habitual

o me quedo sin balas

o mejoro la puntería

a eso voy dándole vueltas

mientras camino hacia el futuro

ya perdí la cuenta de las veces

que volví a abrirte la puerta

la mañana siguiente.

y sucede

que una mañana despiertas

y los sentimientos

con los que te acostaste

ya no están

imaginas la vida

sin esa persona en concreto

y en lugar de preocuparte

empiezas a sonreír

y lo que antes sentías

sigue disipándose

la petición de Sin.

quiero todo lo que él

consideraba suyo

mi deseo es explorar

lo que él descuidó en ti

pero antes lucharé por ello

todo lo que llevas dentro

no es para darlo sin más

primero hay que ganárselo

repetitivo.

encontrar dolor

buscando el amor

que no podías darme

la distancia respecto a mí mismo.

la verdad, llevo ya tiempo

perdiéndome

mi reflejo parece parcial

y cada vez me siento menos yo

y más lejos de la persona

que me gustaría ser

mi verdad.

sinceramente

nunca echo de menos

lo que dejo atrás

no me remuerde

alejarme de alguien

que me ha dado motivos

para dejarlo

quemar los puentes.

soy el que quema puentes

para iluminarse el camino

a un destino mejor

soy el que camina sobre amistades

y parejas fallidas

para alcanzar el futuro

bajo la piel.

sus cicatrices, invisibles
la habían herido en lugares
que nadie podía ver

lujurioso, lleno de lujuria.

nuestro amor era débil

pasión intercambiada por la fuerza

de un clímax en el asiento trasero

de un vehículo o en el suelo

junto al colchón

en el que apenas dormíamos

lenguaje corporal.

en cierto modo

casi nunca hablábamos

nos comunicábamos con el cuerpo

todo lo que hacía falta

me lo decía el arco de tu espalda

entradas de diario.

siempre se me ha hecho fácil

llevarme un cuerpo tibio a la cama

pero encontrar a alguien

que merezca dormir a mi lado

me ha costado mucho más

tu dolorosa verdad.

finges que es amor

porque la verdad duele mucho

y estar solo es insoportable

la historia más corta.

él siguió su camino

ella se quedó donde estaba

esperando

con miedo a estar sola

aunque soledad era lo único

que había sentido

cuando estaba con él

sin explicaciones.

hiéreme

y me marcharé

sin avisar

no debo

explicación alguna

a quienes me maltratan

amor propio.

un día tu amor

propio

pesará más que el amor

que te mantiene atada

a alguien que elige herirte

un día el amor propio

será tu fuerza

y también será

motivo suficiente

de largarte para siempre

la siguiente.

no me apena el final

de ninguna relación

porque sé que vendrá

algo mucho mejor

un alma inquieta.

casi nunca es más fácil
entrada la noche, bajo la luna
inquieta, incapaz de relajarte
perdiéndote lentamente
tan lejos de quien fuiste
y aunque no sea más fácil
descubres que la presión del mundo
te vuelve más fuerte

tu potencial.

eras todo lo que yo

debería haber evitado

tus posibilidades me deslumbraron

y no presté atención

a nuestra realidad

la verdad es que nunca

fuiste para mí

y por fin puedo admitirlo

visor.

creo que me cansé
de mirarte en fotografías.
me apetecía hacerte click
en la vida real

lo mismo otra vez.

siempre es duro al principio

no hay mañana buena

tantas noches malgastadas

rebuscando en los escombros

de tu propia angustia

la tristeza crece y te deja

magullada

hoy es uno de esos días

esta noche va a ser lo mismo

el 17 de diciembre.

cae ligera la nieve

al otro lado de mi ventana

tu cabeza apoyada en mi brazo izquierdo

mis ojos clavados en una mancha

del techo

estoy un poco nervioso porque

en dos días

hincaré una rodilla en el suelo

seguramente las dos

y te pediré una eternidad

en esta tierra conmigo

mi corazón se acelera

como delata mi fitbit

tengo las palmas sudorosas

empapadas en silencio, arrollador

y mis labios resecos

susurran "te amo"

mi corazón anhela nuestro futuro

tu cabeza apoyada en mi brazo

tan lleno de amor.

sumergido en ti

como hielos

ahogados en whisky

necesito todo

lo que tienes

quiero estar donde estés

movimiento de medianoche.

estoy cansado, al menos inquieto

me pesan los ojos, no quieren cerrarse

la tristeza me tira de los párpados

pero no lo suficiente para traer el sueño

la luna me mira

me observa desde lejos

mientras me adentro en la noche

como el sol tras el océano

el cielo se llena de aire frío

frío como mi corazón

de nuevo se me escapó el amor

ya solo queda el dolor

me duelen los huesos

es el peso de la depresión

angustia que confundo con insomnio

la única cura sería soñar

pero estoy solo, bajo la luna llena

y no puedo dormir

más cerca de la parca.

lo más cerca que he estado de la muerte

fue acostado junto a alguien

que de pronto había dejado

de quererme

la habitación una tumba

nos mataba asidos a la nada

en que nos habíamos convertido

me lo hice yo mismo.

he cometido un crimen

contra mi propia alma

te confundí con el amor

confundí tu mentira con la verdad

incapaz de verla como lo que era

cegado por el potencial

enamorado del amor pero nunca de ti

en qué nos convertimos.

la mayor mentira que nos contamos
incluye un amor corrompido
y una relación que ya es tóxica

extrañamente hermosa pero rota.

veo los defectos

y las garras diabólicas

grabadas en tu corazón

grietas causadas

por andar con un demonio

que vendía sueños

y contaba mentiras

para apresar tu amor

utilizada y maltratada

y abandonada junto al camino

con la basura de ayer

abrumada por la culpa

y un océano de remordimiento

se convirtieron en tu tumba

mientras braceabas y te hundías

hasta el fondo

la mujer rota

como le decían los demás

pronto iba a ser la mujer

que me recompuso

todo de todo, así eres tú.

fuerte, libre de espíritu

y sin pelos en la lengua

todo lo que un hombre como yo

todo lo que un hombre como servidor

ha estado buscando

aquí, este momento.

y a lo mejor, solo a lo mejor,
nos miraremos a los ojos
y veremos nuestro futuro, juntos

mi corazón hace tiempo que anhela
a alguien como tú

**donde lo nuestro se termina,
por ahora.**

el día, el 18 de diciembre

el año, 2016

y me desperté junto a

la mujer más hermosa

del mundo

mi musa me ha amado

y yo he amado a mi musa

este libro en su totalidad

no habría sido posible

sin el apoyo

de Samantha King

que curó las heridas

de mi pasado

infundiéndome nueva vida

y esperanzas

al tiempo que me amaba

en recuperación

whisky palabras y una pala

documenta mis altos y bajos

tus altos y bajos

nuestros altos y bajos

este libro es un documental literario

de lo que pasa cuando el amor está podrido

y de lo que puede pasar

cuando el amor es puro

gracias Samantha King

por darme ánimos

gracias por ser un faro

para mi barco

lo más curioso es que

asocio a Samantha King

con un faro

porque ha sido mi guía

y me ha ayudado a navegar

entre el caos

que en su día fue mi vida

y mañana

el 19, hincaré una rodilla

o las dos en el suelo

y le pediré que prosiga este viaje

conmigo

por quebrada que estés

por cansada que te sientas

por desgarrada que tengas el alma

hay alguien ahí fuera

dispuesto a amarte por completo

pero primero tienes que amarte tú misma

con whisky

enterré mis emociones

con palabras

solía mentirme

y fingía estar bien

a todos decía estar bien

cuando no lo estaba

y con una pala

cogí todo el dolor

que había experimentado en manos

de alguien que fingía amarme

y lo enterré bien enterrado

en esta serie de libros

exhumo esa tumba

con la esperanza de ayudarte

a encontrar lucidez y paz

te amo, Samantha King

y gracias a los lectores

hasta la próxima vez . . .

index.

#.
1:04 a.m. 139
1 a.m. inquieto, siempre. 70
2:30 a.m. 172
11:11 p.m. 140
12:16 tras la medianoche. 35
14kt. 8
22 de diciembre. 243
22 de noviembre. 93
0722. 50
2007. 156
2417. 14

a.
abre los ojos. 125
adentro. 195
ahora con frío. 80
a la luz de la luna. 198
alegría pasajera. 188
al final. 161
algo para esta noche. 76
a menudo fingimos. 245
amor genuino. 166
amor propio. 263
año 2008. 65
antes de oír propuestas. 94
antes y después. 217

aquí, este momento. 278
arrepentimiento lector. 155

b.
bajo la piel. 256
bajo las estrellas. 18
bajo una luna de sangre. 99
buscando. 237

c.
cada noche. 52
carreteras heladas en Pensilvania. 113
ciego y confuso. 57
cincuenta y seis notas. 154
colgado, resacoso. 63
compártelo con él. 130
conexiones. 48
confuso. 121
con relámpagos. 7
constante. 218
con sumo derecho. 178
contrólate. 124
corazones buenos. 83
coróname. 722. 239
costumbre mortal. 159
cuadrilla de búsqueda. 137
cuando caen los ángeles. 107

d.

deja el teléfono. 30
de noche. 183
de principio a fin. 10
derriba la tentación. 170
desaparición. 200
desconsiderado. 177
desde el dolor. 21
desde lejos. 207
deseo bajo la luna. 234
desequilibrio. 127
devorada. 84
días. 36
directo al caos. 193
distorsionado. 158
donde lo nuestro se termina, por ahora. 279
duele recordar. 157

e.

el 17 de diciembre. 269
el amor y las excusas. 181
el cementerio. 103
el control. 26
el corazón contra la mente. 86
el de ella. 64
el dolor de recordar. 69
el don de los que están rotos. 90

el hombre bueno. 180
el intelecto, los ojos 138
ella, llama. 219
el libro de las cenizas. 190
el niño adentro. 40
el primer día de febrero. 24
el primero de muchos. 58
el todo de la nada. 92
el verdadero ser. 144
empieza el invierno. 39
empleo de una pala en mi diario. 104
en busca del amor. 187
enemigos parecidos. 28
en guardia. 47
en lo más profundo. 223
en proceso. 38
en qué nos convertimos. 274
enseñanzas de vida. 197
entiéndete a ti misma. 11
entradas de diario. 259
entre estrellas. 51
eres tú. 19
esta placidez. 87
estas palabras I. 118
estas palabras II. 119
este momento. 199
es una artista. 232

exposiciones. 145
extrañamente hermosa pero rota. 275

f.
falsas atenciones. 206
fantasía. 165
fragmentos. 101
frecuencia cardiaca. 135

g.
gran arrepentimiento. 216
grietas en el cristal. 111

h.
hallado en soledad. 44
harto. 46
historias de silencio. 12

i.
iluminada por la luna. 71
inquietud. 96

j.
juegos de palabras con whisky. 68
julio de 2015. 184
junio de 2015. 235

l.
la distancia respecto a mí mismo. 253
la elección de Sin. 241
la esencia. 168
la experiencia. 17
la gran muralla. 192
la herida. 247
la historia más corta. 261
la ilusión de las mañanas buenas. 72
la mañana siguiente. 250
lamento firme I. 128
lamento firme II. 129
la misma frase, los mismos resultados. 61
la nada y nada más. 37
la ocurrencia. 97
la petición de Sin. 251
la siguiente. 264
la soledad ahora. 175
las valientes. 176
la transformación. 236
la verdad de uno mismo. 13
la vida no puede ser esto. 6
lenguaje corporal. 258
limitaciones, imitaciones. 226
líneas. 194
llamas adentro. 185
lleno de vacío. 60

lo capto. 122
lo intento por ti. 100
lo mismo otra vez. 268
los espejos también mienten. 95
los motivos. 225
lujurioso, lleno de lujuria. 257

m.
madre del dolor I. 33
madre del dolor II. 34
males necesarios. 116
Marie, mojada. 169
marrón orgullo. 108
más. 171
más allá de tu pasado. 78
máscaras I. 213
más cerca de la parca. 272
más coherencia. 174
más fácil decirlo. 82
más fácil pero difícil. 91
medianoche, a menudo. 106
medianoche de palabras húmedas. 66
me lo hice yo mismo. 273
me pregunto. 179
me preocupa. 43
merecer más. 191
miedo a caer. 204

mi energía mal dirigida. 73
mi propio susurro. 59
mi propio valor. 123
mis deseos para ti. 23
mi teoría. 227
mi verdad. 254
montañas submarinas. 74
movimiento de medianoche. 271
muchos tal vez. 110
muerte de un indie. 143

n.

nevada en Queens. 85
no es divertido. 164
nosotros, nuestro futuro. 248
notas a las desatendidas I. 1
notas a las desatendidas II. 3
nuestro amor 22.   208
nunca estuviste lista. 54
nunca una pérdida. 214

o.

odia el proceso. 148
oscuridad total. 242
otra vez de principio a fin. 102
óyeme. 147

p.
pareja perfecta. 131
partida final. 55
pasado y presente. 79
pasivo-agresivo. 231
peleas con whisky. 173
perdedores con derecho. 238
pero estás acostumbrada. 29
pilares de sal. 160
poetisa. 215
polvo. 134
porno de palabras. 228
presenciado. 120
primerísima lección. 49
puntería perfecta. 211

q.
quédate, simplemente. 152
quemar los puentes. 255
que sepas y entiendas. 126
quiere. 167
quince. 32

r.
raíces dolorosas. 9
recordatorio. 210
recuerdos en mitad de la noche. 88

reflexión silenciosa. 41
rehén emocional. 224
repetitivo. 252
resecas. 141
reto. 149
robada. 4
rodeado de barrotes. 105
romántico esperanzado. 114
ruido de medianoche. 53
ruptura. 22

s.
salvaje 146
seguía bailando. 112
sigues siendo hermosa. 203
sinceramente. 42
sin entrada. 109
sin-ergia. 209
sin explicaciones. 262
sin lugar. 115
sin obligar. 196
sin palabras. 16
soltarse totalmente. 229
su problema, no el tuyo. 56
su último recurso. 98

t.

tan lleno de amor. 270
tanto demonio. 182
te deseo. 220
testigo de mi propio entierro. 89
toda la nada. 31
todas las pequeñas cosas. 202
todo de todo, así eres tú. 277
todos nosotros. 81
tras las ruinas. 117
treinta y seis notas. 153
trozos de paz. 186
trueques modernos. 62
tu afilada lengua. 240
tu dolorosa verdad. 260
tú hazte. 27
tu potencial. 266

u.

un alma inquieta. 265
una mentira californiana. 75
una muerte lenta. 189
una mujer como ella. 221
una musa rota y hermosa. 77
una observación I. 244
una observación II. 246
una pauta. 136

un hombre de verdad. 132
un nosotros infinito. 20
uno de esos días. 233
un pensamiento sereno. 249
un poco de optimismo. 212
un poco de whisky con la cena. 201
un tuit. 150

v.
verano de 2011. 142
visor. 267
vivir en la negación. 151
voy a cavar más hondo. 162
vueltas locas. 45

whisky palabras y una pala I

copyright © 2017 por r.h. Sin. Reservados todos los derechos. Impreso en Estados Unidos de América. Ninguna parte de este libro puede utilizarse ni reproducirse en modo alguno sin autorización escrita, excepto en el caso de reimpresiones en el contexto de reseñas.

Andrews McMeel Publishing
una división de Andrews McMeel Universal
1130 Walnut Street, Kansas City, Missouri 64106

www.andrewsmcmeel.com

18 19 20 21 22 RR2 10 9 8 7 6 5 4 3 2 1

ISBN: 978-1-4494-9708-8

Número de Control de la Biblioteca del Congreso: 2017934705

Editora: Patty Rice

Diseñadora y directora artística: Diane Marsh

Editora de producción: Margaret Utz

Mánager de producción: Cliff Koehler

Traductores: Diana Hernández y Carles Andreu

atención: colegios y negocios

Es posible adquirir los libros de Andrews McMeel con descuento en caso de compras al por mayor con fines educativos, comerciales o de promoción. Para más información, escribir un e-mail al Departamento de Ventas Especiales de Andrews McMeel Publishing: specialsales@amuniversal.com.